Amikor szomorú vagyok
When I Am Gloomy

Sam Sagolski
Illusztrálta: Daria Smyslova

www.kidkiddos.com
Copyright ©2025 by KidKiddos Books Ltd.
support@kidkiddos.com

All rights reserved. No part of this book may be reproduced in any form or by any electronic or mechanical means, including information storage and retrieval systems, without written permission from the publisher, except in the case of a reviewer, who may quote brief passages embodied in critical articles or in a review.
First edition, 2025

Translated from English by Ilona Vass
Angolról fordította: Vass Ilona

Library and Archives Canada Cataloguing in Publication
When I Am Gloomy (Hungarian English Bilingual edition)/Shelley Admont
ISBN: 978-1-0497-0085-4 paperback
ISBN: 978-1-0497-0086-1 hardcover
ISBN: 978-1-0497-0087-8 eBook

Please note that the Hungarian and English versions of the story have been written to be as close as possible. However, in some cases they differ in order to accommodate nuances and fluidity of each language.

Egy borús reggelen szomorúan ébredtem.
One cloudy morning, I woke up feeling gloomy.

Kimásztam az ágyból, beburkolóztam a kedvenc takarómba, és átmentem a nappaliba.
I got out of bed, wrapped myself in my favorite blanket, and walked into the living room.

– Anya! – szólaltam meg. – Rossz kedvem van.

"Mommy!" I called. "I'm in a bad mood."

Anya felnézett a könyvéből. – Rossz? Miért mondod ezt, kicsim? – kérdezte.

Mom looked up from her book. "Bad? Why do you say that, darling?" she asked.

– Nézd csak az arcomat! – válaszoltam, miközben a szemöldökömet ráncoltam. Anya kedvesen mosolygott.

"Look at my face!" I said, pointing to my furrowed brows. Mom smiled gently.

– Ma nincs jó kedvem – mormoltam. – Azért szeretsz még, amikor szomorú vagyok?

"I don't have a happy face today," I mumbled. "Do you still love me when I'm gloomy?"

– *Hát persze, hogy szeretlek – felelte Anya. – Amikor szomorú vagy, közel akarok lenni hozzád, szorosan megölelni és felvidítani.*

"Of course I do," Mom said. "When you're gloomy, I want to be close to you, give you a big hug, and cheer you up."

Ettől egy kicsit jobban éreztem magam, de nem sokáig, mert aztán elkezdtem a többi hangulatomra gondolni.

That made me feel a little better, but only for a second, because then I started thinking about all my other moods.

– És... akkor is szeretsz, amikor mérges vagyok?
"So... do you still love me when I'm angry?"

Anya ismét elmosolyodott. – Hát persze!
Mom smiled again. "Of course I do!"

– Biztos vagy benne? – kérdeztem keresztbe font karokkal.
"Are you sure?" I asked, crossing my arms.

– *Még akkor is az anyukád vagyok, amikor mérges vagy, és ugyanúgy szeretlek.*

"Even when you're mad, I'm still your mom. And I love you just the same."

*Nagy levegőt vettem.
– Mi van, amikor szégyenlős vagyok? – suttogtam.*

I took a big breath. "What about when I'm shy?" I whispered.

– Akkor is szeretlek, amikor szégyenlős vagy – mondta. – Emlékszel, amikor mögém bújtál és nem akartál beszélni az új szomszéddal?

"I love you when you're shy too," she said. "Remember when you hid behind me and didn't want to talk to the new neighbor?"

Bólintottam. Jól emlékeztem rá.

I nodded. I remembered it well.

– Aztán végül köszöntél neki, és összebarátkoztatok. Annyira büszke voltam rád.

"And then you said hello and made a new friend. I was so proud of you."

– Akkor is szeretsz, amikor túl sokat kérdezek? – folytattam.

"Do you still love me when I ask too many questions?" I continued.

– Amikor olyan sokat kérdezel, mint most, megfigyelhetem, ahogy új dolgokat tanulsz, és minden nap egyre okosabb és erősebb leszel – válaszolta Anya.
– És igen, akkor is szeretlek.

"When you ask a lot of questions, like now, I get to watch you learn new things that make you smarter and stronger every day," Mom answered. "And yes, I still love you."

– Mi van, ha egyáltalán nincs kedvem beszélgetni? – folytattam a kérdezősködést.

"What if I don't feel like talking at all?" I continued asking.

– Gyere ide! – mondta. Felmásztam az ölébe, és a vállára hajtottam a fejem.

"Come here," she said. I climbed into her lap and rested my head on her shoulder.

– Amikor nincs kedved beszélgetni és csak csendben akarsz lenni, olyankor a képzeleted kezded el használni. Szeretem nézni az alkotásaidat – válaszolta Anya.

"When you don't feel like talking and just want to be quiet, you start using your imagination. I love seeing what you create," Mom answered.

Majd a fülembe súgta: – Akkor is szeretlek, amikor csendben vagy.

Then she whispered in my ear, "I love you when you're quiet too."

– *Akkor is szeretsz, amikor félek?* – kérdeztem.

"But do you still love me when I'm afraid?" I asked.

– *Mindig* – felelte Anya. – *Amikor félsz, segítek megnézni, hogy nincsenek-e szörnyek az ágyad alatt vagy a szekrényben.*

"Always," said Mom. "When you're scared, I help you check that there are no monsters under the bed or in the closet."

Megpuszilta a homlokomat. – Olyan bátor vagy, kicsim!
She kissed me on the forehead. "You are so brave, my sweetheart."

– Amikor pedig fáradt vagy, – tette hozzá halkan – betakarlak a takaróddal, odaviszem neked a macidat, és eléneklem neked a különleges dalunkat.

"And when you're tired," she added softly, "I cover you with your blanket, bring you your teddy bear, and sing you our special song."

– Mi van olyankor, amikor túl sok az energiám? – kérdeztem, miközben leugrottam az öléből.

"What if I have too much energy?" I asked, jumping to my feet.

Nevetett. – Amikor túl sok az energiád, elmegyünk együtt biciklizni, ugrókötelezünk vagy odakint futkározunk. Imádom csinálni veled ezeket.

She laughed. "When you're full of energy, we go biking, skip rope, or run around outside together. I love doing all those things with you!"

– Akkor is szeretsz, amikor nem akarom megenni a brokkolit? – Közben kinyújtottam a nyelvemet.

"But do you love me when I don't want to eat broccoli?" I stuck out my tongue.

Anya elnevette magát. – Mint amikor odaadtad a brokkolidat Maxnak? Nagyon ízlett neki.

Mom chuckled. "Like that time you slipped your broccoli to Max? He liked it a lot."

– Láttad? – kérdeztem.
"You saw that?" I asked.

– Persze, hogy láttam. És még olyankor is szeretlek.
"Of course I did. And I still love you, even then."

Gondolkodtam egy kicsit, majd feltettem egy utolsó kérdést.
I thought for a moment, then asked one last question:

– Anya, ha szeretsz, amikor szomorú vagy mérges vagyok... olyankor is szeretsz, amikor boldog vagyok?
"Mommy, if you love me when I'm gloomy or mad... do you still love me when I'm happy?"

– Ó, drágám, – mondta, és újra megölelt – Amikor boldog vagy, én is boldog vagyok.
"Oh, sweetheart," she said, hugging me again, "when you're happy, I'm happy too."

Megpuszilta a homlokomat, és hozzátette: – Ugyanúgy szeretlek, amikor boldog vagy, mint amikor szomorú, mérges, szégyenlős vagy fáradt.
She kissed me on the forehead and added, "I love you when you're happy just as much as I love you when you're sad, or mad, or shy, or tired."

Szorosan hozzábújtam és elmosolyodtam. – Szóval... mindig szeretsz? – kérdeztem.

I snuggled close and smiled. "So... you love me all the time?" I asked.

– Mindig – válaszolta. – Minden hangulatban, minden nap, mindig szeretlek.

"All the time," she said. "Every mood, every day, I love you always."

Miközben beszélt, valami melegséget kezdtem érezni a szívemben.

As she spoke, I started feeling something warm in my heart.

Kinéztem, és láttam, hogy a felhők elvonulnak. Az ég kezdett kiderülni, és előbújt a nap.

I looked outside and saw the clouds floating away. The sky was turning blue, and the sun came out.

Úgy tűnt, végül mégis gyönyörű napunk lesz.

It looked like it was going to be a beautiful day after all.

www.ingramcontent.com/pod-product-compliance
Lightning Source LLC
LaVergne TN
LVHW072110060526
838200LV00061B/4853

9 781049 700854